EL UNIVERSO AMANTE

ExLibric

NICOLÁS RAMOS

EL UNIVERSO AMANTE

EXLIBRIC
ANTEQUERA 2024

EL UNIVERSO AMANTE
© Nicolás Ramos
© de la imagen de solapa: Felipe Sánchez Torres
Diseño de portada: Dpto. de Diseño Gráfico Exlibric

1ª edición

© ExLibric, 2024.

Editado por: ExLibric
c/ Cueva de Viera, 2, Local 3
Centro Negocios CADI
29200 Antequera (Málaga)
Teléfono: 952 70 60 04
Fax: 952 84 55 03
Correo electrónico: exlibric@exlibric.com
Internet: www.exlibric.com

ISBN: 978-84-10297-33-3
Depósito Legal: MA 2097-2024

Impresión: PODiPrint
Impreso en Andalucía – España

Nota de la editorial: ExLibric pertenece a Innovación y Cualificación S. L.

NICOLÁS RAMOS

EL UNIVERSO AMANTE

*Con el empleo a lo largo de este poemario
del término «hombre» se alude, obviamente,
al concepto de «persona».*

PREFACIO

Porque quise entregarme
al momento presente
y vivir sin complejos
de cara a lo sagrado,
me descubrí a mí mismo
más allá de las fatuas
construcciones mentales,
de la sola apariencia.

Nicolás Ramos

Nadie en solo el presente es desdichado.
PEDRO ESPINOSA

ÉL

PARTE PRIMERA

Mucho antes del deseo
de querer despertar,
el diablo se presenta
en la mente agitada.
Es un estado hipnótico,
como un denso espejismo
que impide darse cuenta
de lo que está pasando.

Canta el divino Orfeo
el relato del cosmos,
sosegando el horrísono
aullar de los porfiados;
suspende la soberbia,
explica lo inefable,
sin que parezca agravio
al erudito o al docto.

Noticias y opiniones
no guardan la verdad,
tan solo su reflejo.
La verdad es la huella
de la mano de Dios.
Palabra desbordante
que engendra claridad
en el mayor silencio.

El arte de pensar
—o el arte de no hacerlo—
se convierte en el arte
de la felicidad.
Minuciosa labor
sobre la propia psique,
la libertad interna
y la paz interior.

Un saber que no sabe
es la vía de acceso
al momento presente,
portal del universo.
Experiencia directa
que trasciende conceptos,
que pone en evidencia
discursos obsoletos.

Es un hombre sencillo.
Su historia personal
nada tiene que ver
con la banalidad.
Dice tener acceso
al orden natural
de una sabiduría
que se expresa sin miedo.
Y afirma que la mente
es el gran telescopio:
una lámina de agua
que refleja los cielos.
La cordura le obliga
a prestar atención,
y se mantiene erguido;
los pies en las estrellas.

El sabio permanece
unido a lo abisal,
huye del intelecto
y de sus ataduras.
Su mente es mucho más
que el cosmos conocido,
avanza y se retrae
quebrantando la escarcha.

Ya es hora de encontrar
una cura inmediata,
el vínculo energético
que el orbe necesita,
otra nueva manera
de entablar amistad
con el planeta Tierra
y todas sus criaturas.

TÚ

PARTE SEGUNDA

Te encuentres bien o mal,
y digas lo que sabes
o calles lo que piensas,
hay en ti potencial
—detrás de cada capa
profunda de abandono—
que pasa inadvertido
como un río sin fuerza.

Es obvio que sufrir
no está determinado
por eso que te ocurre,
sino por cómo sientes
lo que te está ocurriendo.
Sufrir es opcional,
un ego insatisfecho
por los acantilados.

Tu mirada pasiva
resulta caprichosa,
y ves la realidad
como simple rutina.
Atrévete a mirar
donde rompe la noche,
siente tus ojos nuevos,
la furia de la luz.

En un mundo difícil,
repleto de amenazas,
escoge la consciencia
en vez del pensamiento.
Y olvidado de ti
—deliciosa quietud—,
te reconocerás
fuera del laberinto.

Observa tu interior
y el mundo en el que vives
como una misma cosa.
Aprende con reservas
y alegre desaprende.
Liberación final.
Saber sin ningún tipo
de contaminación.

Necesario el proceso
de la meditación,
está cerca de ti
el socio que te espera;
ocres resplandecientes,
encendidos violetas.
Con corazón humilde:
garantes las esferas.

Pregúntate quién eres,
nostálgico del ser,
el hombre es un misterio.
Descubre por ti mismo
las posibilidades
que te ofrece el camino
al liberar tu psique
de inútiles obstáculos.

Despertar es morir
a tu yo conocido
y renacer en otra
dimensión paralela.
No es ir a otro lugar,
es poder percibir
aspectos más sutiles
del sitio donde estás.

Aunque la alteridad
eleva la emoción,
no dejes de sentir
aquello que sentías,
pues te conmueve el don,
el anhelo más íntimo,
cuestión vital que exige
dar lo mejor de ti.

YO

PARTE TERCERA

Puedo tener momentos
de gran tranquilidad
y silencio mayúsculo,
de espiritualidad.
Pero enseguida vuelvo
al torrente del tiempo,
a las contradicciones,
a la misma deriva.

Me lo tomo con calma,
todo sucederá
a su debido tiempo;
no espero a que suceda,
ni siquiera deseo
que llegue a suceder,
me limito a observar
lo que está sucediendo.

La mente me suplanta,
usurpa mi persona,
se viste con mi ropa,
organiza mi agenda.
Poseído por la mente,
mi cuerpo se transforma
en una marioneta
que no me pertenece.

Ha llegado el momento
de olvidar lo que he sido
para ser lo que soy,
después de un largo tiempo
perdido en ilusiones
que la mente baraja,
como naipes sedosos
el tallador de cartas.

No soy lo que aparento,
tampoco lo que dicen,
todo lo que he aprendido
apenas me describe.
No soy mis pensamientos
ni un sueño vespertino.
La jaula de mi mente
aprisiona mi vuelo.

Soy un ángel o un demonio,
depende a quién preguntes:
la realidad se ajusta
a lo que conocemos.
Pero en mi soledad
resplandece una luz
que llega con urgencia
y me entrega estos versos.

Anclado en el presente
con mi respiración,
acepto que las cosas
sean tal como son.
Un estado de mente
en que los pensamientos
que buscan maltratarme
han desaparecido.

Respirar y ser uno
con la respiración
enaltece el espíritu
y la consciencia expande.
Viajero del espacio,
atravieso galaxias.
Soy los hombros de Orión,
el universo amante.

NOSOTROS

PARTE CUARTA

El universo es nuevo
y nosotros con él,
amoroso y terrible
cambiará nuestras vidas.
Diáfano azul milagro
irrumpe de improviso
en las inmensidades
recónditas del ser.

Somos hijos del fuego,
el grito de los genes,
una especie deudora
de lo antiguo y lo nuevo.
Somos calma y trajín,
belleza matemática,
la risa de los niños,
un soplo en la nariz.

Aprender del pasado
habitando en presente.
Contemplar el futuro
habitando en presente.
Y vivir aquí y ahora
porque es eternidad,
que sale a nuestro encuentro
llena de compasión.

La inquietud nos impide
captar una energía,
un saber sin proyecto
que está en nuestro interior;
el mundo original,
los sones luminosos,
cuando la dignidad
era virtud y voz.

Estamos acosados
por las dificultades
al vernos como objetos
en un mundo de objetos.
Intentemos lo increíble:
hacer que nuestro cuerpo
se encuentre en comunión
perfecta con la mente.

La libertad comienza
cuando nos damos cuenta
de que no somos libres.
Y nos hallamos presos
en la antigua caverna
que imaginó Platón,
perseguidos por sombras
hábiles en su oficio.

Vivimos la materia
como algo denso y sólido,
en apariencia estático.
Solo es la dimensión
que desea mostrarnos,
porque esconde energía
y vacío y partículas
y probabilidades.

Sabemos mucho más
de lo que imaginamos:
cada átomo del cuerpo,
cada célula viva,
cada órgano posee
su propia inteligencia,
ordena sus funciones
y reconoce el mundo;
tiene sabiduría,
inconsciente ecológico,
el recuerdo viviente
del chispazo inicial.

Hay una vida callada
que reside en el cuerpo,
unidad que subyace
en todo lo existente.
Que ningún dogmatismo
reduzca su presencia,
vibremos al unísono
en lo inconmensurable.

Índice